JN410217

나도 매춘부다

사이펀 현대시인선 17

나도 매춘부다

초판인쇄 | 2023년 7월 1일
초판발행 | 2023년 7월 5일

지 은 이 | 배주열
기　　획 | 계간 '사이펀'
펴 낸 이 | 배재경
펴 낸 곳 | 도서출판 작가마을
등　　록 | 제 2002-000012호
주　　소 | 부산광역시 중구 대청로 141번길 15-1 대륙빌딩 301호
T. 051)248-4145, 2598　F. 051)248-0723　E. seepoet@hanmail.net

ISBN 979-11-5606-226-4 03810　정가 10,000원

사이펀 현대시인선 ⑰

나도 매춘부다

배주열 시집

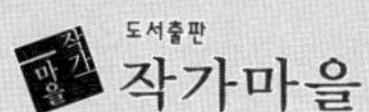

自序

오늘이 며칠 째인가

늑골마다 퇴적하는 혈흔과 주저흔들

그래, 도착하지 말자

어딘가 도착하는 길은 길이 아니다

다시 여름

배주열

· 차례

• 차례

3부

4부

사이펀
현대시인선
17

나도 매춘부다

제1부

새는 눕지 않는다

한 번은
부디 서쪽이겠지

땅 위에 모든 길 밖

거기까지

가도 가도 가지지 않는 서쪽마다
한 잎씩 펜타닐 패치를
붙이며

목이 타는

나는 너로
너는 너로
이번 허공에도 끝내 내리지 못하는 거기로

뛰어내리는 새떼들

서쪽은 왜 노을마다 피가 젖는가

아직도 바나나

바나나는 바나나
멀고 먼 감옥

바나나를 던지고 바나나를 받는
오늘도 이제 두 시

아저씨 우리 바나나 말고 무엇이
무엇이 남았어요

멀고 싶어요 바나나는 멀어서 우리 같이 기나긴 감옥을
함께 걸어요

슬프지 마세요

긴 것은 바나나가 아니어요
바나나는 가도 가도 멀어서 바나나예요

아저씨 괜찮으시겠어요
첫차까지 정말

그럼

저 먼저 떠나요
안녕히 계세요 아저씨, 그런데 아저씨 혹시

바나나 남은 것 하나 있어요?

그러므로

그랬구나, 그리하여 그네는 저 혼자 흔들리고
아버지는 전화를 받지 않으셨구나

그리하였던 것을, 그리하여 우리는
영영 우리가

몇 호선을 타야 어딘가 거기
어딘가 거기

닿을지도 모르는

그러므로 그리하였던 그런 저녁을

네,
네,
그런

끝내 아무것도 기다리지 않도록

당신은 그네를 밀어주시지 않고
시소는 일어서지 못하였구나

〉

그러한 것을
우리 어찌하여야 할지

저것들을 그리하여 주실지

월요일 아침과 월요일 아침

월요일에는 옥수수가 도착한다

지난주에도 그랬고
저 지난주에도 그랬고
저 저 지난주에도 그랬다

한 아이는 자고 있었고
한 아이는 뒤척이며 울었고
한 아이는 문고리에 발목을 묶어 두었다

식탁 위에 한 병의 우유와 옥수수 시리얼을 두었다
식탁 위에 한 병의 우유와 옥수수 식빵을 두었다
식탁 위에 한 병의 우유와 삶은 옥수수를 두었다

옥수수는 자라서 월요일 아침에
옥수수로 자라는 월요일 아침

자라서 옥수수가 되겠지
자라서 슬픈 옥수수가 되겠지
자라서 쓰러지는 옥수수가 되겠지

옥수수가 옥수수에게 도착하는 월요일은
노란 옥수수는 더욱 노랗게
슬픈 옥수수는 더욱 슬프게

둥글게 둥글게
옥수수를 밝히고

옥수수를 삼키는
월요일 아침과 월요일 아침
우리
마지막 막차는
어느 첫 차로 도착하는가

아시는 분 전화 부탁합니다

담배 가게에서 담배를 팔듯
정육점에서 붉은 고기를 팔듯
왜 죽음을 파는 가게는 없는 거야
잘 포장된, 싱싱한 죽음은 왜 팔지 않는 거야
왜?

내놓고 팔기가 좀 거시기 한 것이라면
588* 골목 어디쯤 성인용품점이나 아니면
로또복권가게 한 귀퉁이에 복합상품으로라도 판매하지
않는가
돌아가고 싶을 때 척척 돌아갈 수 있게 싱싱한 죽음을
내어주는 자판기는 왜 없는 거야
왜?

환승 없는 길로 죽음을 내어주는 가게
어디 있는지 아시는 분

아래 번호로 전화 한번 주세요
010-5124-8955

후생에서라도 꼭 후사겠습니다

* 588: 한참 전 청량리역 부근에 있던 사창가. 통칭 오백팔십팔이라 읽지 않고 오팔팔로 읽는다.

내 총이 없어졌다

내 총이 없어졌다
어느 날 문득 내 총이 사라졌다

총이 사라진 날부터
당신께서는 도토리를 아침에 두 개
저녁에 세 개를 던져 주시는구나

"나의 총을 돌려다오" 총은 돌아오지 않고
돌을 던지자

당신께서는 도토리를 아침에 세 개 저녁에

두 개를 베푸시는구나

문제는 도토리가 아니야
문제는
너야

하나님 이 돼지야

양파

양파를 벗긴다
양파를 벗기면 엄마가 나온다
엄마를 벗기면 다시 양파가 나오고
양파를 벗기면 아직 울지도 않는 엄마가 나온다

엄마를 지나면 엄마가 나오고 하나의 엄마가 하나씩의
엄마를 지나는 동안
서울역이 나오다가 양파망 사이로 잠시 눈물 나는
구로역도 나온다

한 겹씩 구로역을 지나면 자꾸자꾸 구로역이 나오고
나오는 구로역마다 엄마는 엄마를 벗으며
한 번씩의 종점을 띄운다

이해한다고
이해한다고
엄마는 엄마 가득 양파를 끌고

양파를 지나 양파를 지나

엄마는 막차로 돌아옵니다

아무도 모른다는 새벽

나는 봤다
찢어지는

나는 봤다
밟히는

나는 봤다
끌려가는

나는 봤다
흘러내리는 즙汁을

나는 봤다
개들의 침묵을

그때

너와,
너와,
너의

아무도 모른다는 새벽

너는
확실하다

거룩한 밤

컹컹컹
그 밤은 깊었고
그 밤 끝내
개들은

사내를 본 적이 없었다

사내가 찢어지는 동안 내내

저희는
잠들었을 것이고

여하튼

다음 날은

다음 날도
그다음 날도
다음날은 오지 않았다

당신이 가고

당신이 가고

밤은
어두운 밤
밤마다 오는 밤
개만 짖는 밤

오늘 밤도 거룩한 밤
도착하지 않는 밤

나도 매춘부다

오늘도 맨발이구나 마리아

괜찮다, 너는 부끄러워하지 말아라

산다는 게 모두 제 몸을 팔아 제 몸을 먹이는 일

아비도 오늘 몇 달 밀린 화대를 받았다

이 저녁도 무릎을 꿇고 컵라면 하나를 받쳐 드는 너에게
끝내 늙은 하나님 하나 도착하지 않고

예보도 없이 그저 눈발이나 흩뿌리는
그따위 하늘을 우러러

우리 아무것도 속죄하지 말자, 마리아

총총인인銃銃人人

폐지값은 갈수록 떨어졌다

더는 물러설 수 없는 전선

첫차보다 먼저 나서는 먼 행군

침침한 과녁

호흡을 멈추고
산산조각으로

중심을 뚫는
최후에 총알 한 발을 겨누고 싶다

묻노니 늙은 병졸이여
어찌 살아야 사는 것입니까?

"銃銃人人"

풍선

내려주세요
이따위 풍선 푹푹푹 찌르고 싶어요

왜 자꾸 밥을 퍼담으시는 거여요
동쪽에서 서쪽까지
거기에서 여기까지
언제 그 밥을 모두 버리라는 말씀이세요

그러면
밥 말고 뭐가?
밥그릇 말고 뭐가?
그 많은 밤과 낮들 모두 어디에다 버려요

꾸역꾸역 흘러온 숱했던 밥그릇 모두 어디에다 버렸어요
근데 왜 자꾸 첫차로 떠나라고 하세요
밥 말고,
빈 밥그릇 말고

차곡차곡 부푸는
빈터에서
빈터까지

〉

뒤엉킨 밥그릇의 살과 뼈들
한 번은 샅샅이 피투성이로 던져버리고 싶어요

손뼉 치지 마

다시는 돌아오지 않을
밖으로

푹푹푹 사라지도록 찔리고 싶어요

제발 안녕
저 이제 기다리지 마세요

새우깡을 먹으며

새우깡에는 새우 분쇄육이 들어간다
구멍마다 쏟아지는 새우

오늘은 새우를 몇 톤이나 가스실에 보냈는지

마지막 뉴스에도 언급이 없다

새우와 귀신고래를 한 세상에 풀어놓은 그 자식이 어떤 자식인지

썩을 놈!

무박행無泊行

여기까지
몇 번의 환승을 지났던가

또 한 번의 환승을 기다리며 깡통 커피 하나를 내린다

몸통뿐인 새 한 마리가 수직으로 떨어진다

언제부터 저도 허공의 늪들을 곤두박질쳤는가

천천히 체온을 거두는 저를 두 손으로 받쳐 들고
어이없이 조우한 누구인가의 주검을 내려본다

어디인가 가야 할 차표를 받아들고
더는

나머지 길들을 잃고 싶었을까

한 번 더 막차를 띄우며 갈 길을
눈 감는

우리는 언제 도착하는가

극빈 1

무료급식소 앞 긴 줄

무릎 꿇은 낙타들

육포肉脯 냄새가 난다

목련나무와 우주선

목련나무는 목련나무에 있소
서 있는 목련나무는 서 있는 목련나무로 서 있소

우주선은 우주로 떠나고 목련나무는 목련나무로
오직 목련나무로 목련나무이고 싶소

괜찮소
목련나무는 목련꽃 피우는 목련나무로
이 봄의 목련나무는 천 년 뒤의 목련나무여도 좋소

거기 영영 길을 잃어도
여기 그저 흰꽃만 하염없는

내 두고두고 한 그루 목련나무로 좋겠소

단음절

칼이 무섭다는 게 아니다
총이 무섭다는 게 아니다
신이 무섭다는 게 아니다
개가 무섭다는 게 아니다
왜 이것들이 모두 단음절인가 그것이 무섭다는 것이다

왜 사랑은 두 음절이고
왜 죽음은 두 음절이고
왜 인간은 두 음절이고
왜 절망까지도 두 음절인가
단음절과 두 음절의 차이가 왠지 무섭다는 것이다

그리고 나머지 음절들은 왜
모두 수식어인가

쉼표와 마침표
느낌표는 왜
거기에서 기다리는가

물음표는?

살아 있는 개는 짖었고
죽은 개들은 신발장 안에 엎어져 있는
똥 위에

탕!
탕!
탕!
한방으로 쇼부나는 피 튀는 새벽이 올까

애기똥풀은 노랗게

똥색인 것이다

태백 근처

나는 당신을 만난 적이 없고 싶었다

말하자면 내 총을, 내 총을 묻어버린 빈자리들을
정확하게 되돌리고 싶은

도착하지 못하거나
도착할 수 없는

말씀해주세요 어머니 여기예요?
아마 여기는 아니었을 거여요
우리 좀 더 먼 곳에서 기다려야 했을까요

아니었어, 여기는 아니었어
너도 아니었어

그래도 우리 사랑해야 하나요
저 한 번만 다시 무릎 꿇고 울게 하여 주세요

그 길 위에 사내 하나가 폐역처럼 다음 차를 기다리고 있다

너만 모르는 개똥

낄낄
코미디 프로지
너는 너만 모르는 개똥

한편에서 아직 그 사내가
트럼펫을 불고 있지
무슨 말이야?
너는 너만 모르는 개똥

굴뚝새들 아직 굴뚝에 있지?
이런 빌어 처먹을 너는
너만 모르는 개똥

오늘은 누구가 호명될까
반려견주의자들이 지나가고
견유주의자들이 지나가고

그 다음은,

그다음도 너는

너만 모르는 개똥

밥값

밥을 먹을 때마다 밥값을 생각한다
밥을 먹을 때마다 너를 생각해야 하는데
밥을 먹을 때마다 오직 지금의 밥값과 다음 끼니의 밥값을 생각한다

생각하면 목이 멘다
생각하면 밥이 넘어가지 않는다
누천년 밥을 먹을 때마다 생각했지만 나는 한 번도 밥을 끊지 못했다

밥 하나 나 하나
밥 둘 나 둘
밥 셋 나 셋

힘주어 똥을 싼다
고로 먹는다

나도 너다

고슴도치

엎드려 돌을 맞는다

돌 맞은 자리마다
덧나는 악저惡疽

이 길이 어디까지냐?

그래,

온몸으로 엎드려 살矢을 고르는

고슴도치 등짝이 팽팽하게 일어서고 있다

껌

내가 씹고 버린 껌딱지 하나 보도블록에 납작 엎드려 있다

더는
산산조각 날 꿈도
악물어야 할 이빨도 없이 찌그러진
불가촉不可觸의
천생賤生

너도 나를 인간계人間界로 버렸다

五月祭

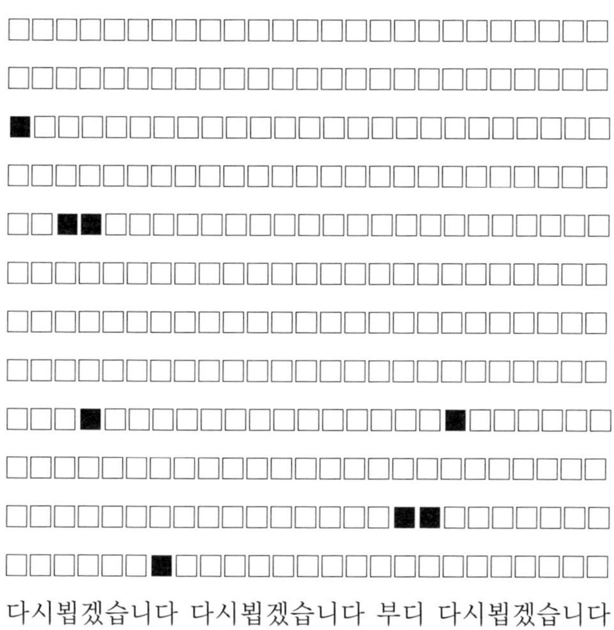

다시뵙겠습니다 다시뵙겠습니다 부디 다시뵙겠습니다

나사

당신의 녹슨 뼈 토막들

언제 한 세상 영영 스러지겠습니까

번데기

제 청춘을 비틀어 길고 긴 실마리를 풀었다

몸뚱어리 하나로,

아름다웠으나
끝내 우화하지 못한

첩첩한 누흔淚痕이여

솥 속에 누운 나의 누이여

아귀탕

아귀는 몸통보다 아가리가 더 크다

지옥의 아가리는 왜 늘 천국의 문보다 넓은가

저녁 뉴스에 한 사내가 얼음 떠가는 강물 아가리 속으로 뛰어내리고 있었다

몇 마리 새들이 한 토막의 살점을 따라 내리다 거두지 않은 비명에 돌아서고

똥구멍까지 찢어진 아가리를 끝내 다물지 못한 채 사내는 파문의 바닥에 이를 것이다

나머지 아귀餓鬼들이 먼저 떠난 아귀의 한 생을 아가리를 찢으며 뜯고 있다

편안한 술

드디어 패배했다
드디어 패배했다는 건 얼마나 술맛 나는 일인가

넘어져서, 영영 넘어져서
이제 누구도 쓰러뜨릴 수 없는

겨우살이로 연탄 삼백 장을 들였다고
거품을 무는 김가 놈과

마주 서서
두 주먹 불끈 쥐고 이제 기어오르지 말자

그래 한 잔 받으라
한 잔 받고 한 잔 더 받으라

나는 오늘 연탄 대신 소주 상자를 들였다

그리운 풍선

커피를 마시지 않는 제국은 없다

하루 세 끼를 아메리카노로 마셔도 전쟁은 평화롭지 않을 것이다

아메리카노를 팔지 않는 스타벅스가 어디 있으랴

처마도 내지 않는 스타벅스 문밖에서

팔레스타인 아이들이 풍선을 분다

제 몸뚱어리보다 더 크게
더 크게

터져라 터져라 풍선을 분다

그 나라에서는 그리울 때 풍선을 분다

제2부

길 1

아버지, 길은 막막해서 길이예요

딸아이는 막막함을 막막하지 않게 말했다

길은 막막해서 길이 되는 거여요
길은 막막하여 길이 되는 거여요

딸아이는 이미 막막한 길을 막막하게 가고 있었다

저 막막하게 거기까지 가겠습니다

그래, 애비도 이미 막막하였으므로 길이였더구나

악어의 눈물

끓는 통증을 버티다 치과에 갔다

최대한 내 아가리를 벌리고 통증의 원인을 찾아냈다

사랑니 탓이란다
사랑니라니? 악어에게 무슨 사랑니?

그녀도 악어의 사랑니는 처음이라며 뽑은 내 예각의 사랑니를
보이며 웃었다

찔끔찔끔 눈물이 흘렀다

그대, 흐르는 나의 눈물을 악어의 눈물이라 말하지 말라

악어도 사랑니를 잃은 빈자리는 사나흘쯤은 죽고 싶도록 아픈 것이다

에스프레소

너는 이별을 삼켜 본 적이 있는가

에스프레소를 마시는 날은 또 한 번 캄캄한 이별을 예비하는 날

한 모금의 에스프레소를 마시고 잠시 눈을 감으면

우리 얼마나 많은 이별을 건너, 여기

또 한 번의 이별을 쉬고 있는가

어제의 이별이 채 끝나기도 전
다시 먼 이별을 기다리는

낯 설고 캄캄한 밤

너의 먼 별까지 또 한 번
내 길고 긴

불면의
키스

콩 농사

콩을 거두면 얼추 한해 농사가 끝이다
올 농사도 끝났으니 노래방이라도 한번 가자 어울린

마른안주에 맥주, 소주 두어 병씩을 시키고 흘러간 노래 몇 곡
n분의1
1인당 30,000원
콩 20kg을 덜컥 마시고 돌아오는 길
뒷자리 이장댁이 술 탓인가 울컥울컥 취기를 뱉는다

콩알만한 다이아몬드는 얼마나 할까
어부인 주취에 놀란 이장님
이 사람 어찌 이러오?

다이아몬드가 두부가 되오?
된장이 되오?
똥도 못돼

그렇다!
다이아몬드는 두부가 되지 못한다
다이아몬드는 똥도 되지 못한다

다이아몬드는 개도 먹지 않는다

돌아오는 길 내내
규격미달의 콩알들이
콩!
콩!
콩! 거리며

경운기 바닥을 굴렀다

반침대

–김선자 선생에게

살기도 바쁜데 시답잖은 시를 쓴답시고 허방을 딛는
사내를 향해 아내가 한 마디 합니다

"제발 땅에 발 좀 붙이고 사세요"

그럼 "사진 하는 사람은 발을 땅에 붙이고 삽니까?"
"그렇지요 사진은 땅에 발을 굳건히 붙여야 흔들리지 않지
요
강철 받침대도 쓰지요"

그렇구나
그래서 한 늙은이가 공화국에서 시인들을 추방하라 했구나

오늘도 허방을 딛는

추방해야 할 한 사내를 끝내 받치는

내
강철의 받침대여

남은 빵은 두 개

우리 지나간 전쟁과
우리 남아 있는 전쟁을 생각해 주세요

지난 전쟁통에 무수한 빵집들이 사라졌지만
하늘 아래 하나 빵집은 늘
당신과 나 사이에도 무사했잖아요

언젠가 당신과 나 사이 마지막 전쟁을 치르겠지만
그대에게 전 할 두어 줌에 밀알들을 늑골에 담았어요

당신과 내가 무너진 늑골과 늑골을 두드리며
힘주어 혀를 밀어 넣든 따뜻하고 부드러웠던 그 빵집
그 빵
2=0
0=2
거기 두 쪽의 빵 레시피를 잃지 않을게요
천 번째의 모퉁이에 앉아 다시 천 개의 빵을 구울 거여요

우리 아직 거기 있어요

인형 뽑기

스위치를 누르면

뺑
뺑

배꼽 없는 아이들이
무통의 자궁을 빠져나왔다

왕왕 제 새끼를 내동댕이치고 떠나는 짐승도 있다

콩 기도문

하늘과 땅에 수두룩한 하나님

부디

저희가, 저희 혼자 피난치 않게 하시고
저들의 나라처럼 고기와 술로 배 터지게 하지 마시고
영영 반쪽으로 허기지게 하소서

아멘

주문하지 않은 새벽

딩동! 새벽이 도착했습니다
저녁까지

문을 잠그시고 창문도 확인하시기 바랍니다
열쇠는 가지고 가셔도 됩니다
창문닦기 작업에 내면과 거울은 포함하지 않습니다

오늘의 배송은 이미 끝입니다
문제는 발바닥의 흑색종양이 아니라
24시 편의점의 붉은색 간섭입니다

하나의 영문자, 다섯 개 이상의 숫자, 두 개의 특수문자
그리고 "확인" 눌러주세요

딩딩동! 도착합니다

여기서부터 너는 불변의 나사입니다

ㅈ의 정의

ㅈ같은 것들

ㅈ은 어째서 욕이 되었을까
ㅈ을 ㅈ이라 부르는 것을 어찌 부끄러이 여기는가

ㅈ차고 ㅈ도 모르는 저것들을
ㅈ을 욕되이 하는 저것들을 쳐 부시고 싶다
ㅈ처럼 섰다 ㅈ처럼 스러지는 테러리스트가 되고 싶다

어느 경우에도 ㅈ은 ㅈ이다
ㅈ답게 일어서고 ㅈ답게 죽는 ㅈ을
ㅈ같이 아는 ㅈ같은 세상
ㅈ이여
좆같은 것들이여

우리 끝내 물러서지 말자

편지

기어이 떠나신
지난가을에

그대에게 편지 한 장
띄웠습니다

석 달 열흘 눈밭 길을
걷고 걸어서

산수유 가지 끝에 닿았습니다

혹여나 제 소식에
봄이 들거든

세상의 시샘 바람
헤아리소서

사랑이
아무리 헛되다지만

한 생애
사나흘은 견뎌야지요

입관

언제부턴가 무릎이 꺾이기 시작했다

무릎이 꺾이기 시작한 그날부터

나는 왜 무죄하냐고 묻지 않았고
무릎은 어느 계절에도 빳빳이 버티지 않기로 했다

닥치는 대로 무릎은 무릎을 꿇었다

무릎은 언제고 무릎 꿇을 자세가 되어있다

마침내 한 사내가
제 뼈저리게 꿇었든 무릎을

마지막으로 한번 이 악물고 버틸 때

사내들이 무릎 다짐으로 한 사내의 무릎을 꺾었다

유몽流夢

막차도 떠나보낸
새 몇 마리

3번 출구 바닥에 웅크린 채 잠들어 있다

삐죽, 몸뚱어리를 삐져나온 야윈 발목들

폭설 어디쯤을 밀려가는지

퍼렇게 얼고 있다

오늘

너였어요?
아님 나였어요

내가 왜 너를 아버지라고 불러야 해요
여기가 아버지였어요

너를 아버지라고 부르면
오늘은 어떡해요

몇 번째 역에서 내린 거예요? 아니면 버려진 거예요?
나도 그때 거기 버린 거예요

겨우 이거? 이걸 전하려 여기까지
오늘 도대체 며칠째예요?

제발
제발
이제 그만 두세요 이 빌어 처먹을
썩은 아버지

엎드려 자는 구두

내 구두에 내 발이 없다
내 발을 묶었던 자리에 언제부턴가 식탁이 놓여있다

선 채로 기다리던 식탁에
내 구두는 엎드려 묶여 있다

도착할 수 없는 식탁까지
끝없이 걸어온 구두

며칠 째인가요
괜찮을까요

괜찮아요

네네 괜찮아요 그냥 주세요

그리고 누구 내 텅 빈 발 한 켤레 좀 버려주세요
주름진 가죽에 둘둘 말아서

제3부

맨드라미

풍양 장터 삼거리 주막에는
2대代 주모 추월이가 있다

어느 장날
낮술에 취했던가
토담 아래 내놓은 그녀의
시든 아랫도리를 본 적이 있다

달거리도 끊긴 목구멍 속

울대만 남은

차마 거두지 못한
목젖이 붉었다

나팔꽃

등뼈가 꼿꼿하면 나팔꽃이 아니다
눈물이 남았으면 나팔꽃이 아니다
멍든 자주색이 아니면 나팔꽃이 아니다

가자, 가야 한다
한 번은 가야 할 거기

여기서 엎드리면 나팔꽃이 아니다

깔깔깔 매미

매미가 운다

몸뚱어리 9할이 눈물이라고

산다는 게 그 눈물 비우는 일이라고

태어났다는 게 제일 슬펐다고
죽을 때까지 살아야 하는 것도 너무 슬프다고

잠 못 든 사내 곁에서 잠 못 든 매미가 운다

사는 게 우는 일이라고

우는 것도 사는 일이라고

깔깔깔 매미가 운다

나비

낭떠러지를 건너본 것들은

몸뚱어리가
왜?
가벼워야 하는지 안다

미안하다 바람이여

내 가사袈裟 한 벌 잠시 그대에게 올린다

모과

싫소

그저 주둥이 빨갛게 홍옥紅玉*처럼 익어
한입에 덥석 살과 뼈를 내어 주긴

죽기보다 싫소

놓으시요
내 기어이 우금치 넘어

개뼈다귀로 썩는
그 사내 곁

이 몸뚱어리도 몇 세상 두고두고
썩으러 갈라요

* 홍옥 : 사과 품종명

찔레꽃

– 어떤 바보에게

제 손으로
제 천 개의 남근을 자르고

스스로 위리안치에 든 사내가 있소

이 봄도 맨발로 가시넝쿨을 오르는 그 사내를

그대 따위는 몰라도 좋소

부초

한 그릇에
한 그릇의 물이 흘러간다

파란만장에 흡반을 붙이고
입술이 터지도록 한 톨씩 생을 건지고 있다

그저 한 그릇에 한 그릇의 물을 받아들고

똥구멍이 탔으나 똥냄새도 씻긴 맹물

젖은 몸에 젖는 몸을 뒤척이며
흐르는

뼈도 없는
빈 몸들

녹두꽃

사랑한다 영자야
사랑했다 영자야

봉천동 굴다리 밑 누군가의 뼈저린 각골문刻骨文을
찔끔찔끔 오줌을 흘리며 읽는다

–우리가 의義를 들어 여기에 이르렀음은 –후략–*

사랑했다 이 개새끼들아
사랑한다 이 개새끼들아

이 봄도 녹두꽃마저 지면
차마 녹두꽃마저 지면

가자, 영자야 가서
우리 한 번만 더, 한 구덩이에 눕자

* 동학 격문의 부분

냉이꽃

주소:광주광역시 북구 삼각월산길49-43
전화번호:062-975-5900
광주교도소

이 봄도 전향하지 않는
산 것들의
무덤 가

당신의
소금 한 줌이 하얗습니다

만주바람꽃

– 윤늠이 여사님께

첫애를 낳던 여름에는 금강산 유점사에서
둘째를 횟배로 잃든 그해 겨울은 북간도 용정에서 소식이 왔다

바람을 견뎌야 꽃이 된다고
만주 땅 바람맞이를 떠돌던 너거 아비
끝내 만주땅 바람맞이에 만주바람꽃 되었다고 풍문이 돌았다

이 봄도 막걸리는 초醋가 되는데

울리지도 않는 저놈의 전화기는 어찌 아직 살려 두는 겨

내 죽거든 훨훨 바람에 묻어라

묻지 마라 甲子生
우리 어머니

할미꽃

초승에 올라 그믐에 내리는
아득령* 너머
어디

거기로,

너를 떠나보낸 그날부터

내 다시는 하늘을 우러르지 않았다

* 아득령(牙得嶺) : 평안북도 강계군 공북면과 함경남도 장진군 장진면 사이에 있는 고개. 동서방향의 고개로 동은 개마고원에 접하고 서는 개마고원보다는 고도가 낮은 자강고원(慈江高原)에 이른다.

산수유

뻐꾸기 울어
산수유 피면

골짝마다 눈앞이 노랗던

어머님 기일忌日 든
긴긴
춘삼월

한 잔 또 한 잔 올리오니

이 봄날 다 가도록 작취미성 하소서

산도라지꽃

버스도 겨우 하루에 한 번만 온다

짜장면집도
주막도 없는

당신의

먼

섬

나는 이제 그 섬에 닿지 못한다

별꽃

도감에도 없는

어딘가 피었다가 스러진

저문 산막山幕들 건너
저쪽 은하

총총한
무명총들

눈꽃

그대를 모른다 했던 무참한 손으로

또 한 번 받아드는

그대의

멸滅하지 않는 용서

부디 용서치 마소서

국화

물고
뜯고
짖고

먹고
싸다

늙도록

늙어 죽은

내 쪽 팔리는 生 앞에
엎드리는 곡비

미안하다
그대 다시는 목 꺾이지 말기를

다도해

명량의 물길이 적들의 주검에 막혀 흐르지 못한다 합니다
 – 조선왕조실록 선조 25년 오월 스무사흘 –

지난 사월 진도 앞바다에서는 어린 것들의 주검으로
물길이 막혔다 합니다
– 그날 실록에는 아직 바르게 분별 된 것이 없어 아무것도 적지 못한다 합니다 –

이 봄도 동백 저 붉은 시취를 어찌하여야 할지

살아 있는 것들 모두 묵묵부답입니다

나도 매춘부다

제4부

심우도

절간 담벼락에 소 한 마리 서 있다

하루 종일 소를 찾아 떠돌던
소,

소가죽에 갇힌 소가

물끄러미
소 밖을 보고 있다

思父曲

엎드려 곡哭 하오니

부디 뒤돌아 보지 마소서

참 멀리도 끌고 온 당신의 빈 집 한 칸

접고 또 접어 불 위에 올립니다

다시는 이루지 마소서

어디든 기별 끊으소서

탑

허방마다 죽비를 치던 새 한 마리

날개를 접는다

동
서
남
북

이 길들 모두

너에게로 가는 길

더는 퍼득이지 말자고

이끼를 끌어다 발목을 덮는다

승유 이 가는 소리

어린 것이 뽀드득 뽀드득 이를 간다

제 떠나온 먼 마을에 이 밤
함박 눈이 내리는지

뽀드득 뽀드득
밤새 눈 밟는 소리 들린다

엽서 1

차라리 차비 1,500원으로 막걸리 한 병을 사들고
30리 밤길을 걷기로 했다

달밤에,
막걸리 한 병에,
흐드러지는 달맞이꽃에

옛날 옛적 당신의 유정천리*

가도 가도

그리운 먼 길

* 유정천리 : 1959년 가수 박재홍 선생이 부른 노래 제목

엽서 2

된장 한 숟가락을 놓고
풋고추 다섯 개를 따왔다

아침에 먹다 남은 밥을 찬물에 만다

엽서 3

모두 이 길을 지나갔다

이 길을 지나며
울지 않고 도착하는 길은 없다고

부처도
예수도
아비도 슬피 울었다

섬

더는 젖을 것도 없는
산산조각

이 밤도 저 혼자
따르는

파波
란亂
만萬
잔盞

황홀한 다비

어디로 거처를 옮기시려는지
조개 한 마리 불 위에 오르신다

천 층의 습지를 일생으로 기어 오신 몸뚱어리

잠시 뒤척이시다
나누시는 몇 점의 살신공양

마침내 길 건너 저쪽

당신의 빈 집 한 채 황홀하시다

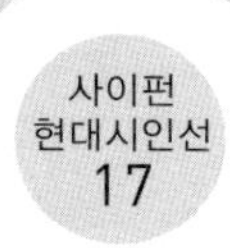

나도 매춘부다

시집해설

저 도도한 절망의 힘

오민석
(문학평론가 · 단국대 교수)

저 도도한 절망의 힘

— 배주열 시집 『나도 매춘부다』 읽기

오민석
(문학평론가 · 단국대 교수)

I.

누가 글을 쓰는가. 누가 문학을 하는가. "그래, 도착하지 말자/ 어딘가 도착하는 길은 길이 아니다"(배주열, 이 시집의 「自序」)라고 말하는 자가 쓴다. 도착하는 길마다 헛방인 줄 아는 자가 시를 쓴다. 길을 찾은 자는 더 이상 할 말이 없으므로 시를 쓸 이유가 없다. 가장 많이 절망하는 자가 가장 많이 할 말을 가지고 있다. 다 이루어 더 이상 가질 것이 없는 자가 무슨 말을 하랴. 시인에게 절망의 깊이는 시적 잠재성의 깊이이다. 가장 아파하는 자가 가장 많은 사람을 울린다. "사는 게 우는 일"(「깔깔깔 매미」)인 사람은 공감의 가장 큰 음역音域을 가지고 있다. 문학은 다들 '괜찮다'라고 말할 때 '괜찮지 않은 것'을 들여다본다. 2016년 노벨 문학상 수상자인 밥 딜런B. Dylan은 한 인터뷰에서 고등학교 시절을 회상하면서 다음과 같이 말한다. "학교에서 선생님들은 나에게 모든 게 다 괜찮다everything was fine고 가르쳤지요. 그것은 생각하고 받아들일 만한 것이었어요. 교과서에 다 나와 있던 이야기이니까요. 그러나, 보세요. 모든 게 다 괜찮지는 않았거든요. 수많은 거짓말들이 난무했고 그것들을 다 참아야했지요. 다른 친구들도 나처럼 느꼈지만 아무도 떠들지 않았어요. 그들은 규범에서 벗어나는 것이 두려웠거든요. 그렇지만 난 그게 두렵지 않았어요." '괜찮다'고 말하는 것은 교과서이고, 규범이며, 꼰대이고, 제도이며, 지배 이데올로기이다. 그것들은 "수많은 거짓말들"로 이루어진 담론이다. 그 거짓말들을 까발릴 때, '괜찮지 않은' 세계가 드러난다. 시인은 괜찮지 않은 세계와의 대면이라는 불편하고 긴장된 일의 중심에 있다. 결핍으로 가득 찬 세계와 유토피아 욕망이 만날 때 가장 깊은 절망이 탄생한다. 세계의 심각한 결핍을 간파한 자만이 절망한다. 최상의 것 위의 더 훌륭한 것을 꿈꾸는 자만이 절망한다. 아무나 절망하지 않으므로 절망도 특권이다. 배주열은 그 어디에서도 손쉬운 희망을 이야기하지 않는다. 절망의 우물에 갇혀 본 자는 쉽게 희망을 이야기하지 않는다.

엎드려 곡哭 하오니

부디 뒤돌아 보지 마소서

참 멀리도 끌고 온 당신의 빈 집 한 칸

접고 또 접어 불 위에 올립니다

다시는 이루지 마소서

〉
어디든 기별 끊으소서

— 「思父曲」 전문

죽은 아버지를 회상하는 수많은 시들 중에서 이보다 더 고통스러운 시를 발견하기도 어려울 것 같다. 화자는 과거가 된 아버지에게 “다시는 이루지 마소서/ 어디든 기별 끊으소서”라고 말한다. “참 멀리도 끌고 온 당신의 빈 집 한 칸”은 이렇게 망각과 삭제의 대상이 된다. 그것이 얼마나 힘든 것이었으면, 얼마나 돌이키기 끔찍한 것이었으면, 얼마나 헛된 일이었으면, 그것을 다시 이루지 말라고 할까. 그리고 어디가 되었든 기별을 끊어 영원한 고립과 망각의 상태에 있으라고 할까. 이 시는 그 모든 설명을 생략하고 있지만, 이 시가 응시하는 지점은 그 어떤 반복도 거부하는 끔찍한 절망의 삶이다. 시인이 볼 때 이런 길은 이 시 속의 아버지만의 길이 아니다.

모두 이 길을 지나갔다

이 길을 지나며
울지 않고 도착하는 길은 없다고

부처도
예수도
애비도 슬피 울었다

— 「엽서 3」 전문

“이 길”은 모두가 지나가는 보편적 삶의 길이다. 모든 사람에게 “울지 않고 도착하는 길은 없다”. 부처도 울고 예수도 슬피 울고 간 길이 이 길이다. 그러니 “애비도 슬피” 우는 것은 당연지사 아닌가. 시인은 삶의 보편성을 울음과 슬픔에서 찾는다. 왜 울음과 슬픔이 삶의 보편성일까. 시인이 볼 때 삶을 불행하게 만드는 것은 모든 인간의 ‘타고난’ 결핍뿐만이 아니라 시스템이고 조직이며, 통념이고 지배적 가치이며, 아버지의 법칙Father's Law이고, 이것들의 원활한 가동을 위해 그 모든 개체성을 용납하지 않는 사회이다. 이런 거대 조직 안에서 유사-행복을 누릴 수 있는 자들은 극소수의 지배자들뿐이다. 시스템의 프로크루스테스는 자기에게 맞지 않는 자들의 몸을 자르거나 늘려 자신의 침대에 맞춘다. 시스템은 너무나도 교묘하게 이런 작업을 수행한다. 아무도 그것을 보지 못하나, 누구든 그것을 무의식적으로 의식하고 자기의 몸이 잘리거나 강제로 늘려지는 것을 두려워한다. 이 무의식적 공포가 사회를 잘 굴러가게 만든다. 시인은 그 처참한 광경의 목격자이다.

언제부턴가 무릎이 꺾이기 시작했다

무릎이 꺾이기 시작한 그날부터

나는 왜 무죄하냐고 묻지 않았고
무릎은 어느 계절에도 뻣뻣이 버티지 않기로 했다

닥치는 대로 무릎은 무릎을 꿇었다

무릎은 언제고 무릎 꿇을 자세가 되어있다

마침내 한 사내가
제 뼈저리게 꿇었든 무릎을

마지막으로 한번 이 악물고 버틸 때

사내들이 무릎 다짐으로 한 사내의 무릎을 꺾었다

—「입관」 전문

시인이 볼 때, 삶은 '무릎을 꿇는 과정'의 연속이다. 무릎을 꿇고, 또 꿇다가 마침내 완전히 꿇을 때가 생물학적 죽음의 시간이다. 본문에서 죽음에 관한 어떤 언급도 없이 시인의 이 시의 제목을 "입관"이라고 붙일 수 있는 이유가 바로 이것이다. 개체성을 거부당하며 계속 굴종을 강요당하는 시간의 연속이 생이라니, 얼마나 끔찍한 일인가. 더 참담한 것은, 그런 삶의 끝(해결)이 오로지 완전한 굴복(죽음)의 순간에만 온다는 사실이다. 이 시에서 "사내들"은 시스템이고 "한 사내"는 단독자 혹은 개체로서의 인간이다. 사실 '사내들'과 '한 사내'는 같은 종족이다. '사내들'은 시스템의 에이전트들로서 승리와 유사-행복의 삶을 살아가지만, 자청해서 무릎을 꿇은 자들이다. 이들은 자진해서 무릎을 꺾은 후에 "이 악물고 버"티는 자들의 무릎을 꺾는다.

이들은 자신들과 다른 것을 용납하지 않는다. 이들에게 유효한 것은 오로지 동일성의 원리밖에 없다. 그리하여 인류는 다시 한번 동족이 된다. 그 종족의 이름은 '무릎이 꺾인 자들'이다.

II.

배주열이 볼 때 오늘날 사람들의 무릎을 꺾는 것은 자본주의라는 시스템이다. 발터 벤야민W. Benjamin에 의하면 자본주의는 "지금까지 존재했던 가장 극단적인 제의종교祭儀宗教"이다. 그것의 특징은 "꿈(희망)도 자비도 없는 제의를 거행하는 일"이다. 그것은 "죄를 씻지 않고 오히려 죄(빚)을 지게 만드는 제의의 첫 경우"이다. "자본주의라는 종교운동의 본질은 …… 세계 전체가 절망의 상태에 도달할 때까지 견디기이다. 그것은 이러한 절망의 상태를 희망하고 있는 것이다."(「종교로서의 자본주의」)

오늘도 맨발이구나, 마리아

괜찮다, 너는 부끄러워하지 말아라

산다는 게 모두 제 몸을 팔아 제 몸을 먹이는 일

아비도 오늘 몇 달 밀렸던 화대를 받았다

〉

이 저녁도 무릎을 꿇고 컵라면 하나를 받쳐 드는 너에게
끝내 늙은 하나님 하나 도착하지 않고

예보도 없이 그저 눈발이나 흩뿌리는
그따위 하늘을 우러러

우리 아무것도 속죄하지 말자, 마리아

—「나도 매춘부다」

자본주의가 숭배하는 것은 상품과 이윤이다. 상품화된 인간이 자본의 제단에 올려질 때, 거덜 나는 것은 인간의 존엄성밖에 없다. 자본의 제단 앞에서 "마리아"는 "오늘도 맨발"이다. 부채와 죄의식을 쌓는 자본의 종교가 마리아에게 강요하는 것은 스스로 상품이 되는 것, 그리하여 끝없이 털리고, 가난해지고, 부끄러워지는 것이다. 마리아가 자본의 제단 앞에서 "무릎을 꿇고" 바칠 수 있는 것은 "컵라면 하나" 밖에 없다. 자본주의는 "제 몸을 팔아 제 몸을 먹이는 일"을 강요하는 시스템이므로, 그 속에서 모든 인간은 (실질적 혹은 상징적 의미에서) "매춘부"일 수밖에 없다. 자본주의하에서 모든 임금은 "화대"이다. 그러므로 마리아도 매춘부이고 "나도 매춘부다". 그러니 누가 누구를 부끄러워하랴. 속죄할 것은 자본주의이지 인간이 아니다. 시인이 볼 때, 자본은 절망의 상태를 희망한다.

컹컹컹
그 밤은 깊었고
그 밤 끝내
개들은

사내를 본 적이 없었다

사내가 찢어지는 동안 내내

저희는
잠들었을 것이고

여하튼

다음 날은

다음 날도
그다음 날도
다음날은 오지 않았다

당신이 가고
당신이 가고

밤은
어두운 밤
밤마다 오는 밤
개만 짖는 밤

오늘 밤도 거룩한 밤
도착하지 않는 밤

—「거룩한 밤」 전문

"거룩한 밤"이라는 제목, 그리고 끌려가 몸이 찢어진 사내의 이야기는, 예수를, 그리고 종교적 제의를 연상케 한다. 그렇지만 이 작품 속의 "사내"가 누구이든 상관없다. 한 사내가 "찢어지는 동안 내내" 아무 일도 없다는 듯이 "개들"이 짖고, 잠들고, "당신이 가고", "다음날도 그다음날도 다음날은 오지 않았다"는 사실이 중요하다. "다음날"은 이 역설의 "거룩한 밤"과 다른 밤, 지금까지와는 다른 시간, 마침내 도착해야 할 어떤 날이다. 그러나 "오늘밤"은 여전히, 계속, "도착하지 않는 밤"이다. 그리하여 미래가 죽고, 당신도 오지 않고, 개들만 짖어대는 "거룩한 밤"에 빛나는 것은 오로지 몸이 찢긴 "사내"뿐이다. 이런 풍경이야말로 배주열이 그려내는 끔찍한 현실의 모습이다. 벤야민의 표현을 빌면, 이런 장면이야말로 "절망이 종교적 보편 상태로까지 확장되어, 그 상태에서 구원을 기대"하게 만드는 상태이다.

무료급식소 앞 긴 줄

무릎 꿇은 낙타들

육포肉脯냄새가 난다

—「극빈 1」 전문

여기에서도 사람들은 무릎을 꿇고 있다. 가난과 부채와 죄의식은 사람들을 시스템 앞에 굴복하게 만든다. "무료급식소"는 자본이 가난한 자들에게 던져준, 화려한 식탁 아래의 부스러기이다. 오로지 자본의 수단이며 이런저런 이유로 그 자본의 환경에 녹아들지 못한 사람들이 급식소 앞에 "긴 줄"을 서고 무릎을 꿇는다. 이들이 극단적 가난에서 벗어날 가능성은 거의 없다. 화자는 인간의 존엄성이 완전히 사라진 이들의 몸에서 "육포肉脯냄새"를 느낀다.

III.

지금까지 본 것이 공시적 차원의 현세라면, 통시적 차원의 세계도 있다. 현재의 불행은 현재만의 것이 아니라 역사의 긴 시간을 통해 반복되어온 것이다. 역사는 그러므로 오랜 상처와 결핍의 기록이다.

> 주소:광주광역시 북구 삼각월산길49-43
> 전화번호:062-975-5900
> 광주교도소
>
> 이 봄도 전향하지 않는
> 산 것들의
> 무덤 가
>
> 당신의

소금 한 줌이 하얗습니다

—「냉이꽃」 전문

“광주”는 워낙 강렬해서 그 역사적 시간을 배제하고는 도저히 읽을 수 없는 기표이다. 광주라는 기표에서는 항상 항쟁과 죽음과 자유의 냄새가 난다. 이 시는 자연스레 이런 미장센 아래에서 읽힌다. 이 작품은 광주항쟁을 밑그림으로 깔고 미전향 장기수의 이야기를 다루므로 두 개의 풍경을 동시에 겹치게 한다. 이 시의 두 번째 연은 매우 복잡하면서도 정확한 문장으로 이루어져 있다. “산 것들의 무덤 가”에서 “산 것들”은 무덤 속에 있으므로 사실 ‘죽은 것들’이다. 그런데도 그들이 “산 것들”일 수 있는 이유는 그들이 끝내 자신들의 뜻을 굽히지 않고 “전향하지 않는” 자들이기 때문이다. 이들은 타협하지 않고 광주에서 죽어간 전사들의 이미지와 겹친다. 게다가 “전향하지 않는”이라는 구절은 현재 진행형의 의미를 지닌다. 그들은 전향하지 ‘않았을’ 뿐만 아니라, 죽어 있는 지금도, 앞으로도 전향하지 ‘않는’ 자들이므로 영원한 현재 속에 살아 있다. 이들은 끝내 무릎 꿇지 않는 ‘예외적 개인들’이다. 그들은 무릎을 꿇지 않은 대가로 평생 감옥에 있었으며, 죽어서야 감옥에서 나와 흰 “냉이꽃” 같은 “소금 한 줌”이 되었다.

사랑한다 영자야
사랑했다 영자야
봉천동 굴다리 밑 누군가의 빠저린 각골문刻骨文을

찔끔찔끔 오줌을 흘리며 읽는다
– 우리가 의義를 들어 여기에 이르렀음은 – 후략 – *

사랑했다 이 개새끼들아
사랑한다 이 개새끼들아

이 봄도 녹두꽃마저 지면
차마 녹두꽃마저 지면

가자, 영자야 가서
우리 한 번만 더, 한 구덩이에 눕자

—「녹두꽃」 전문

한국 문학판에서 "녹두꽃"은 전봉준과 동학혁명의 오랜 상징이다. 둘째 연의 "–우리가 의義를 들어 여기에 이르렀음은–"은 (시인의 각주에 따르면) "동학 격문의 부분"이다. 이 작품은 "봉천동 굴다리 밑" 벽에 써진 통속적인 낙서, 그러나 "누군가의 뼈저린 각골문刻骨文"인 사랑의 고백을 "녹두꽃"에 대한 사랑과 등치시킨다. "사랑했다 이 개새끼들아 / 사랑한다 이 개새끼들아"는 회한의 순간에 가장 격의 없는 대상에게 퍼붓는 사랑의 욕설이다. 화자는 "영자"를 사랑하듯이, 그 너무나 이쁜 "개새끼들"을 사랑하듯이 "녹두꽃"을 사랑한다. 동학에 대한 화자의 사랑은 관념적인 것이 아니라 격렬한 섹스처럼 감각적이고 직접적이며 물질적이다. 그것은 타락한 세계에 무릎 꿇지 않은 역사의 기

념비이며, 조선 인민의 자랑이고, 끝내 간직해야 할 자존, 자긍의 사건이다. 화자는 그 자랑스러운 '애인'을 버릴 수 없다. 만일 그런 "녹두꽃마저 지면" 화자는 더 이상 견딜 수 없다. "가서/ 우리 한 번만 더, 한 구덩이에서 눕"고 싶은 "영자"는 "녹두꽃"이 전치轉置된 것이다. 시인에게 사상은 관념이 아니라 실물적인 감각이다.

"역사는 우리에게 상처를 준다 History hurts."(프레드릭 제임슨F. Jameson) 역사는 우리의 무릎을 꿇리고, 우리를 부스러기 빵 앞에 줄 서게 하며, 부채와 죄의식 속에 가둔다. 그러나 시스템의 이런 톱니바퀴에 제동을 거는 자들 혹은 사건들이 있다. 시스템은 그런 자들에게 극한의 절망으로 응수한다. 바닥의 절망을 경험한 자에게 희망은 더욱 간절하고 절실한 것이 된다. 바닥이 깊으면 깊을수록 그것을 경험한 자의 시선은 그 너머로, 그 위로 이동한다. '희망의 철학자'인 에른스트 블로흐E. Bloch는 이것을 "오버샷(위를 쳐다보기 overshot)"이라고 명명한다. 가장 절망한 자가 가장 높이 본다. 그들의 오버샷은 늘 유토피아를, 즉 "아직 의식되지 않은 것 not-yet-conscious"과 "아직 성취되지 않은 것 not-yet-become"(블로흐)을 향해 있다. 이런 점에서 배주열의 시선은 가장 밑바닥의 절망에서 가장 높은 곳을 향해 있다. 그 절망은 워낙 깊고 넓어서 보편적 공감의 음역에 닿아 있고, (그런 절망이야말로) 희망의 진정한 출발점이기 때문에 도도하다.